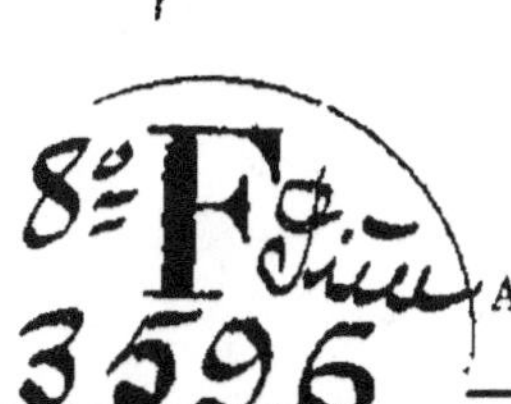

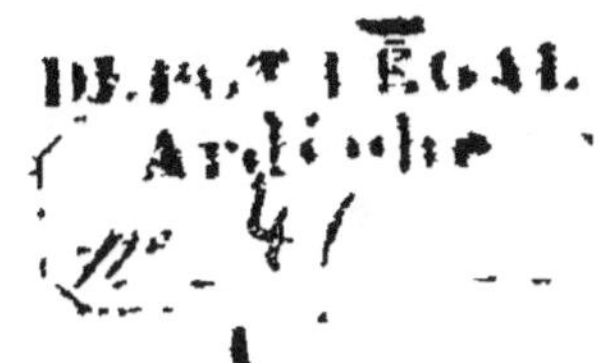

Jacques **BONZON**

Avocat a la Cour d'Appel de Paris

Le Droit Pénal

et La Morale

VALS-LES-BAINS

IMPRIMERIE-LIBRAIRIE E. ABERLEN ET C°

MAISON D'ÉDITION

—

1903

Jacques BONZON

Avocat a la Cour d'Appel de Paris

Le Droit Pénal

et La Morale

VALS-LES-BAINS

IMPRIMERIE-LIBRAIRIE E. ABERLEN ET C°

MAISON D'ÉDITION

—

1903

Cette conférence a été prononcée à Versailles, le 1er juin 1903, devant les membres du Cercle des Etudiants protestants de Paris, et a paru le 15 juin 1903, dans le Bulletin des Associations chrétiennes d'étudiants.

Le Droit Pénal et la Morale

La Barbarie encor tient nos pieds dans sa gaîne,
Le marbre des vieux temps jusqu'aux reins nous enchaîne,
Et tout homme énergique au dieu Terme est pareil.
                                        ALFRED DE VIGNY.

Messieurs,

Ce n'est point de criminalogie, de pénologie, de science profonde et un peu absconse que je veux en quelques instants vous entretenir. C'est d'un sujet qui peut être ramené à des termes très simples, tels que chacun de nous se les doit toujours poser, dès le début de sa vie intellectuelle. Le droit de punir peut-il s'appuyer sur la morale, et de quelle manière ? Comment concilier la défense sociale avec les principes essentiels de l'éthique ? Surtout, comment envisager ce qu'on appelle le crime, et quelle réprobation nous doivent inspirer les actes qualifiés par la loi de criminels ? Voilà le sujet, et je puis répéter qu'il s'impose à la méditation de nous tous. Magistrats ou avocats de demain, vous aurez plus que personne à réfléchir sur les actes que vous jugerez ou défendrez. Mais en toute autre carrière le problème, quoique moins fréquent, existera néanmoins pour vous. Ministres du culte, vous serez appelés souvent à relever des criminels, à soutenir des coupables. Médecins, vous trouverez, avec la médecine légale, les complexités infinies de la responsabilité. Dévoués aux institutions charitables, vous donnerez votre concours aux œuvres toujours plus répandues de protection des libérés. Citoyens enfin, il vous faudra juger au nom de la nation, dans ce jury qui ne peut absoudre ou punir aussi arbitrairement qu'on le prétend, qui, pour interpréter la loi de plus haut, n'en est tenu que davantage à la connaître dans un esprit plus large. Parfois le problème reviendra plus angoissant : est-il moral de condamner tel coupable, tel condamné est-il vraiment méprisable ?

Les criminalistes ont cherché depuis longtemps un système qui nous satisfît. Ils en ont trouvé de nombreux, dont chacun reste forcément imparfait. Trois idées dominent toutes leurs conceptions : la justice, la convention, l'utilité.

Pour la philosophie antique, Platon, pour l'éthique moderne, Kant, la *justice* semble la base du droit pénal. Un être surnaturel a délégué à l'homme le droit de châtier celui de ses semblables qui viole les règles inscrites en son cœur par cet être mystérieux. La répression n'est alors que l'expiation. C'est une conception théologique que je puis respecter : je dois l'écarter — tout d'abord parce que cette délégation demeure indémontrable par là même qu'elle est surnaturelle — surtout parce que les conséquences en ont établi l'impossibilité. Par ce système, le droit pénal ne s'unit plus seulement à la morale, il s'absorbe en elle. Le juge n'est plus qu'un moraliste, qui logiquement doit punir tout ce qui est immoral. D'autres législations, l'anglaise, l'allemande, s'inspirent encore de cette conception. Là nous voyons frappés de peines parfois très dures des actes qui ne relèvent plus pour nous que de la morale pure. L'affaire Oscar Wilde en est le plus récent et le plus significatif exemple.

L'idée de *convention* n'eut qu'un moment de faveur. Beccaria la lança, et mieux Rousseau. Pour n'être plus théologique, et paraître humaine, elle n'en contient pas un postulat moins insoutenable. Les hommes convenant entre eux du droit qu'aura la société de réprimer les infractions à sa loi, voilà une théorie résolvant tout, à condition de croire au bienheureux sauvage qui, sorti je ne sais quand de ses cavernes, posa, en une constituante mal connue, les termes d'un contrat social souvent contradictoire. Le *contrat pénal* ne saurait nous convaincre. Car alors, il suffirait aux hommes de notre temps de le dénoncer, et nul ne pourrait plus être frappé, quelqu'acte qu'il commît, si nuisible et immoral qu'il fût. Or, nous voulons trouver un fondement essentiel au droit de punir, un impératif qui soit catégorique en dehors de toute convention plus ou moins nébuleuse, qui s'impose à tout homme par un meilleur argument que celui d'une majorité de contractants qui ne serait jamais absolue.

L'idée d'*utilité* nous a plus rapprochés de la solution cherchée. Et c'est elle qui depuis un siècle inspire tous nos systèmes en cette matière.

De l'utilitarisme pur, prêché par Bentham, à l'évolutionnisme pédant de Lombroso, l'intérêt de la société est l'inspiration de toutes les législations criminelles vraiment en progrès. Le droit de légitime défense appartient à la société comme à l'individu. La défense peut être préventive même par la condamnation des crimes accomplis. Car, en frappant leurs auteurs, on évite peut-être le retour de faits semblables. L'exemplarité de la peine est un de ses éléments essentiels. Alors même que le criminel ne serait, à en croire l'école italienne, qu'un régressif, l'exemplaire fâcheux d'un type insuffisamment aboli, le descendant, inadapté à notre civilisation moderne, du sauvage ou du barbare ancestral, la société pourrait se défendre contre lui, et déléguer à certains de ses membres la fonction, sinon de *châtier*, de faire *expier*, du moins de *réprimer*, d'empêcher le recommencement d'actes nuisibles.

Et le même positivisme du droit pénal va nous

permettre, mieux encore, nous ordonner de le mettre en harmonie avec l'éthique. Car peu importe que la morale soit innée ou acquise, indépendante ou associée indissolublement en son origine à des conceptions théologiques. En fait, depuis les cavernes, depuis le troglodyte ou le sauvage de Lombroso, pour qui le crime exceptionnel d'aujourd'hui serait l'existence normale d'hier, une morale s'est formée, qui s'impose à l'homme actuel. Elle existe *positivement*, c'est un fait objectif. Et cette éthique veut qu'on se préoccupe de ses règles quand on frappe. Et toute peine doit être morale pour que les hommes ne l'appellent point sauvagerie. Le droit pénal ne peut se passer de morale. Toutes les législations doivent s'appuyer sur elle, si elle-même peut se passer de sanction pénale. L'éthique évolue, elle aussi, mais pour s'amplifier, non se restreindre. Et, par une méthode socratique, appelant à mon aide le sol sur lequel je pourrais péripatétiser avec vous, je tracerais deux cercles. L'un, le plus étroit, doit être contenu dans l'autre. L'un est le droit pénal, l'autre la morale. L'éthique sera plus large, elle renfermera des prescriptions qui ne s'imposeront que par la seule force de la conscience, jusqu'au jour où, suffisamment comprises de tous, elles pourront recevoir une sanction sociale. Mais le droit pénal ne devra rien renfermer qui reste en dehors de ce cercle plus vaste, rien qui n'en soit une partie primordiale.

Seulement, comment allons-nous tracer ce *cercle pénal ?* Qui nous permettra de dire qu'une faute morale soit également une faute pénale ? Qui nous autorisera à porter un jugement moral en même temps que pénal, à blâmer autant qu'à punir ?

Deux formules vont nous servir de guides. Nous les emprunterons aux créateurs de la sociologie, aux rénovateurs de la pensée politique, Montesquieu et Rousseau, celui-ci, génie intuitif mais souvent imprécis, celui-là, génie moins profond mais toujours rigoureux.

Et voici tout d'abord la définition célèbre des lois : « Les lois, dans la signification la plus étendue, dit la première phrase de l'*Esprit des Lois,* sont les rapports nécessaires qui dérivent de la nature des choses. »

Après la définition philosophique, la définition politique. « Les lois, déclare Rousseau au *Contrat Social* (livre II, ch. VI), ne sont proprement que les conditions de l'association civile. »

Et développant plus loin sa pensée, établissant la division générale des lois — politiques, c'est-à-dire dans les rapports de la chose publique avec elle-même — civiles, c'est-à-dire dans les rapports des membres de la société entre eux ou avec le corps tout entier, — ou enfin non écrites, mais constituant cet ensemble de lois (d'ailleurs informes, et ici apparaît l'imprécision de Rousseau lorsqu'il veut serrer son sujet), cet ensemble de mœurs qu'on appelle *l'opinion,* Rousseau montre justement que les lois criminelles ne sauraient avoir d'autre fondement que les premières. « On peut considérer une troisième sorte de relation entre l'homme et la loi, savoir, celle de la désobéissance à la peine, et celle-ci donne lieu à l'établissement des lois criminelles qui, dans le fond, sont moins une espèce particulière de lois, que la sanction de toutes les autres » (Livre II, chap. XII).

Reprenons nos deux formules. Je dis qu'elles nous guideront sûrement dans notre voie en apparence incertaine.

« Les lois sont les conditions de l'association civile. » C'est tout d'abord le principe social qui est affirmé. Et comment, *positivement*, pourrait-on le nier ? Là encore, voilà un fait objectif. Et par là nous repoussons la première critique, fondamentale, en notre matière. Nous repoussons l'anarchisme, qui ne veut pas de lois, de criminelles encore moins que d'autres. Puisqu'il y a une association civile, que les hommes ne sont pas une simple poussière d'individus, que des milliers d'années vécues en commun ont créé tout un ensemble de coutumes, de mœurs, d'idéals qui les associent, il faut des lois pour établir les conditions de cette association. Les bien formuler sera difficile. Mais cela sera nécessaire, et légitime. Et l'anarchisme apparaîtra philosophiquement faux, qui voudra repousser les modalités indispensables à une association humaine qu'il ne peut contester.

Seulement, dans ses critiques nous trouverons un enseignement précieux. Et l'essence même de l'association civile sera pour nous de toute importance. A la base de notre droit pénal, harmonisé avec l'éthique, nous rencontrerons deux principes, sinon antinomiques, du moins adverses. Ce sera l'*étatisme* et l'*individualisme*. Selon que vous serez pour la suprématie de la société sur l'individu, pour la société d'abord, l'homme ensuite, pour *l'étatisme*, ou que vous inclinerez vers le libre développement de l'individu, qui ne doit à la société que les concessions indispensables à l'association civile, que vous préconiserez en un mot *l'individualisme,* vos conceptions pénales seront transformées. Vous aurez beaucoup de lois criminelles, ou très peu. Vous réprimerez beaucoup d'actes antisociaux, ou le moins possible. Ici la raison ne peut plus guère nous éclairer : étatisme ou individualisme, c'est proprement du sentiment. Pour moi, c'est à l'individualisme que je vous convierai. Ne le poussons pas jusqu'à cet extrême qui le confond avec l'anarchisme. Admettons une autorité sociale, subissons comme inéluctable l'association civile. Mais cherchons à ne lui sacrifier que la moindre part des libertés individuelles.

Et pour cela, reprenons la formule de Montesquieu. Seuls, les rapports nécessaires dérivant de la nature des choses humaines vont nous imposer les lois.

Seuls, ils nous paraîtront absolument respectables. Seule, leur violation, le dédain des lois établies en leur conformité, appelleront notre réprobation.

Or, si nous considérons les distinctions fondamentales de notre droit pénal, nous le voyons divisé en trois parties : Crimes et délits contre la chose publique d'une part — de l'autre, crimes et délits contre les particuliers, divisés eux-mêmes en crimes et délits contre les personnes, et crimes et délits contre les propriétés.

Quels sont donc, en ces trois catégories, les rapports qui nous paraissent dériver *nécessairement* de la nature de l'association civile ? Quelles conditions de cette association semblent vraiment essentielles à l'humanité ?

Les rapports de l'individu avec la chose publique sont sans doute indispensables ; mais ils sont changeants. Les gouvernements, les régimes, les sociétés mêmes varient en leurs éléments. C'est le sable de la mer sur lequel on ne bâtit rien à l'abri du flux et du reflux des révolutions. Et dans la chose publique je mets à cet égard son noyau même, la famille, la tribu d'où est sortie la patrie. Sentiments qui évoluent au point souvent de se contredire. La famille a jadis le droit de vie et de mort sur ses membres. Admettriez-vous qu'un père pût tuer aujourd'hui ses enfants ? Notre code vient d'inscrire au contraire, par la loi du 19 avril 1898, des peines plus sévères contre les parents qui maltraitent leurs enfants. La tribu, le clan est jadis la seule patrie. Des annexions plus ou moins factices de territoires créeront-elles nécessairement le patriotisme, et nos lois modernes sur la désertion, la conspiration, la trahison même, découlent-elles bien, non pas d'un besoin présent, mais d'un rapport nécessaire de l'homme avec ses concitoyens momentanés ? La loi pourra frapper. Elle pourra correspondre aux conceptions morales du temps et du lieu. Mais sera-t-il forcément immoral de l'enfreindre ?

C'était la loi de l'État que la Révocation de l'Édit de Nantes, et l'interdiction de l'hérésie. Les protestants ont cent ans résisté à cette loi, et c'est leur gloire impérissable.

Et ce doute me vient plus grave encore si j'examine les conditions de l'association civile en ce qu'elle a de matériel, la propriété. Jadis le communisme — même en des sociétés historiquement proches, ainsi la société juive, où les terres devaient être restituées tous les cinquante ans, où nulle propriété foncière n'était éternelle, ni même durable. Demain, peut-être, le collectivisme, la suppression de la propriété individuelle, au moins pour les objets de production. Est-ce un rapport *nécessaire* de l'homme à l'homme, même vivant en société, que la propriété soit telle que la conçoit notre code pénal ? Certes, vous me direz que la probité est un sentiment désormais entré dans notre patrimoine moral et dont il nous faut tenir compte comme d'un fait objectif. Mais je répondrai que les formes de cette probité peuvent varier avec les temps, que la défense de la propriété, pour respectable qu'elle soit, ne saurait nous paraître si essentielle qu'elle doive constituer, ainsi que les magistrats, temporaires ou permanents, jurés ou juges, le croient avec trop de candide férocité, la base même de notre droit pénal.

Au contraire, des rapports apparaissent comme dérivant nécessairement de la nature des choses humaines : c'est le droit des personnes, et non plus des biens. Partout, en tout lieu, depuis la première forme d'association civile, le respect de la vie d'autrui, la douceur, la pureté, la loyauté, ont apparu nécessaires. Le domestique qui vole son maître ne commet pas un acte plus grave, un crime au lieu d'un délit, parce qu'il est sous la dépendance d'un plus riche, parce que le travail est opprimé par l'odieux capital. Raisonnement de socialiste pour réunion publique ! Mais le domestique a promis implicitement de bien servir, et il a violé sa promesse. Et la loi morale de tous les temps prohibe et flétrit cette déloyauté, comme la loi sociale cette improbité. Et cela va bien rentrer, avec l'impureté nuisible à autrui, avec la violence, avec l'atteinte aux droits permanents, vraiment *humains*, de l'individu, dans les actes que nous appellerons essentiellement coupables, et que nous flétrirons en même temps que nous les punirons.

Les principes que j'essaie malaisément de vous définir, un vers classique les a mieux résumés : « Le crime fait la honte, et non pas l'échafaud. » Morale trop individuelle, penserez-vous. Et je me rappelle que ce vers chanta sur les lèvres de celle qu'un autre poète, qui fut moral pourtant — Lamartine — osa appeler *l'ange de l'assassinat*. Lorsque la descendante de Corneille prit un couteau pour libérer la France, lorsque Charlotte Corday vint de Caen, en un lent voyage, pour frapper Marat, elle redit la parole de son ancêtre. Et pourtant, elle enfreignait la loi fondamentale de l'association civile : elle tuait. Certes, il ne faut point ignorer les dangers d'une critique raffinée, d'une éthique subtile. Mais rassurez-vous, Messieurs. La loi écrite sera toujours, pour le commun des hommes, le plus mol oreiller à leur tête dédaigneuse de penser. Ils verront de confiance le juste, le bien, le beau, dans les textes promulgués par des législateurs étroits ou haineux. Ils flétriront d'instinct tout homme « pourvu d'un casier judiciaire. » Ils sentiront, même dans les « œuvres philanthropiques », un mépris aisé et soudain pour les criminels. Vous penserez au contraire à toute l'incertitude des lois. Vous songerez que

si l'éthique reste obscure, la loi pénale le doit rester
bien davantage. Et l'antique barbarie dénoncée par
Vigny vous fera redouter des jugements trop prompts.
Non par scepticisme, ni par indifférence, ni même par
la crainte plus noble, en jugeant autrui, de n'être
point assez purs vous-mêmes pour cette tâche redou-
table, mais par simple probité intellectuelle, vous pèse-
rez tout ce que le droit pénal contient de transitoire,
d'extérieur aux rapports nécessaires naissant entre les
hommes de leur nature même et, d'une voie d'autant
plus belle qu'elle est moins suivie, vous irez à la vraie
justice, vous irez à l'indulgence.